TEORIA EVOLUȚIEI A LUI DARWIN

INFORMAȚII CHEIE

- **Când:** 24 noiembrie 1859

- **Unde:** Londra

- **Context:** Dezbaterea științifică privind originea speciilor în secolul 19 [th]

- **Colaboratori:**

  - Charles Darwin, naturalist britanic (1809-1882)

  - Alfred Russel Wallace, călător și naturalist britanic (1823-1913)

- **Impact:**

  - Noua concepție despre originea speciilor în istoria naturală

  - Crearea darwinismului

La 24 noiembrie 1859, a apărut pentru prima dată cartea intitulată *"Despre originea speciilor prin selecție naturală sau conservarea raselor favorizate în lupta pentru viață"*. Cartea, care a fost retipărită de mai multe ori și tradusă în numeroase limbi, a bulversat opinia publică în secolul [al XIX-lea.] Autorul ei, Charles Darwin, a afirmat că toate speciile care populează Pământul sunt rezultatul unei evoluții lente și că ele continuă să evolueze într-o luptă disperată pentru supraviețuire. Dar nu sunt oare aceste

TEORIA EVOLUȚIEI A LUI DARWIN

Apariția speciilor

TEORIA EVOLUȚIEI A LUI DARWIN

Apariția speciilor

scris de Romain Parmentier
tradus de Alina Dobre

50MINUTES.com

specii ființe imuabile, care trăiesc într-o natură gene-
roasă, conform voinței lui Dumnezeu? Diferența dintre
aceste două idei este izbitoare.

Lui Charles Darwin i-au trebuit mulți ani pentru a-și
transcrie gândurile și teoria. Fascinat de științele natu-
rii, în primul rând călătoria sa ca naturalist la bordul
navei *Beagle a fost cea care a* pus bazele ideilor sale revo-
luționare. După ce a plecat în decembrie 1831, nava s-a
întors în Anglia în octombrie 1836. În acești cinci ani,
tânărul om de știință a profitat de ocazia de a colecta și
studia o multitudine de specii de animale și plante. De
asemenea, a trecut printr-o serie de experiențe care i-au
schimbat pentru totdeauna viziunea asupra naturii.

La întoarcere, Charles Darwin și-a adunat gândurile. În
1839, a ajuns la concluzia că speciile suferă schimbări,
ceea ce permite o evoluție prin selecție naturală în
lupta pentru supraviețuire. Mânat de neliniștea de a se
confrunta cu consecințele pe care le-ar putea provoca o
astfel de perturbare științifică, Darwin a avut nevoie de
douăzeci de ani pentru a-și finaliza lucrarea, încercând
să ofere răspunsuri celor care o vor contesta, și a mar-
cat pentru totdeauna istoria lumii.

CONTEXTUL POLITIC, ECONOMIC ŞI SOCIAL

MAREA BRITANIE ÎN TOATĂ LUMEA

Secolul al XIX-lea a fost, fără îndoială, epoca Marii Britanii. Într-adevăr, ţara care a văzut naşterea lui Charles Darwin a fost la apogeu. Deşi ascensiunea sa în putere se dezvolta de mai multe decenii, aceasta s-a accelerat în special la sfârşitul secolului al XVIII-lea şi în secolul al XIX-lea. Marea Britanie a fost prima care a intrat în revoluţia industrială a fierului, a cărbunelui şi a motorului cu aburi, ceea ce i-a oferit posibilitatea de a devansa toate celelalte naţiuni. Industria a dezvoltat apoi considerabil economia britanică, iar Marea Britanie a exportat din ce în ce mai multe bunuri, până la punctul de a deveni cea mai mare economie din lume.

Un alt factor care marchează importanţa Marii Britanii din secolul al XIX-lea este semnificaţia teritoriilor sale. La sfârşitul secolului trecut, când ţara şi-a pierdut coloniile americane în urma Războiului de Independenţă (1775-1783), ea mai deţinea totuşi Canada şi numeroase teritorii din Caraibe. Întărind puterea marinei sale, Marea Britanie şi-a continuat inexorabil cuceririle teritoriale. Numeroase expediţii i-au permis să intre în posesia Australiei, a Noii Zeelande şi a numeroase insule din Pacific. În plus, India, atât de râvnită de toate țările europene, a fost cucerită treptat de britanici între 1757 și 1858, când teritoriul a trecut definitiv sub autoritatea Coroanei. În sfârșit, Africa a fost subiectul unei lupte acerbe între puterile europene în a doua jumătate a secolului al XIX-lea. Acolo, Marea Britanie și-a creat un adevărat imperiu, cu colonii care se întindeau de la Cairo la Cape Town.

Controlul Marii Britanii asupra mărilor a rezultat și din victoriile sale asupra rivalilor europeni, începând cu Franța. După războaiele Revoluției Franceze și războaiele napoleoniene (1793-1815), britanicii i-au scos în cele din urmă din cursă pe concurenții francezi și spanioli, transformând țara în prima putere maritimă. De asemenea, Tratatul de la Viena din 1815 a acordat Marii Britanii o serie de baze fortificate, precum Gibraltar, Freetown (Sierra Leone), Sfânta Elena, Cape Town, Mauritius, Ceylon și Malta, care au servit de acum înainte la asigurarea comunicațiilor între colonii și metropolă.

SECOLUL ȘTIINȚEI

Moștenit de la Iluminism, al cărui obiectiv era combaterea obscurantismului, entuziasmul pentru cercetarea științifică a continuat și s-a accelerat într-un secol al XIX-lea care a fost deopotrivă romantic și pozitivist.

Bazându-se pe activitatea părintelui chimiei moderne, Lavoisier (1743-1794), căruia îi datorăm prima izolare a elementelor chimice, succesorii săi au descoperit aproape toate elementele în secolul al XIX-lea. În 1869, chimistul rus Mendeleev (1834-1907) le-a clasificat în funcţie de greutatea lor atomică în celebrul său tabel periodic.

Domeniul electricităţii a cunoscut chiar primul succes odată cu inventarea bateriei de către Alessandro Volta (fizician italian, 1745-1827) în 1800. Multe alte descoperiri au rezultat în urma acestei invenţii, cum ar fi principiul electrolizei dezvăluit de Anthony Carlisle (fiziolog britanic, 1768-1840) şi electromagnetismul descoperit de André Marie Ampere (fizician francez, 1775-1836) şi Michael Faraday (chimist şi fizician britanic, 1791-1867).

În medicină, anestezia a început să fie utilizată pe scară mai largă în 1844, datorită eterului. Progresele au continuat, de asemenea, în domeniul antibioticelor şi al vaccinurilor, în special datorită activităţii lui Louis Pasteur (chimist şi biolog francez, 1822-1895).

Această sete de cunoaştere i-a împins, de asemenea, pe intelectualii europeni să exploreze diferite regiuni ale lumii pentru a înţelege cum funcţionează. Aceste mari expediţii ştiinţifice au inclus cartografi, responsabili de îmbunătăţirea continuă a hărţilor zonelor îndepărtate, astrologi care, prin observaţiile lor, au extins cunoştinţele despre univers, dar şi numeroşi naturalişti care au colectat şi descoperit continuu specii de animale şi plante. Obiectivul principal nu mai era atât de mult descoperirea de noi teritorii, ci aprofundarea înţelegerii lumii şi a tot ceea ce se află în ea.

ÎNAINTE DE DARWINISM: FIXISM VS. TRANSFORMISM

Până la începutul secolului al XIX-lea, o singură idee a dominat totul: creaţionismul. Conform preceptelor biblice din Geneză, toate speciile erau considerate imuabile, apărând spontan şi independent unele de altele, conform voinţei lui Dumnezeu. În plus, scara timpului geologic de atunci era foarte diferită de cea pe care o cunoaştem astăzi. Într-adevăr, aceasta a urmărit crearea Pământului în ziua de duminică 23 octombrie 4004 î.Hr. ceea ce nu ar fi permis teoria evoluţiei aşa cum o cunoaştem astăzi, deoarece a fost cu atât de puţin timp în urmă. Această tendinţă profund religioasă a fost retransmisă în lumea ştiinţifică prin fixism, care afirmă că fiecare specie a traversat veacurile fără să se schimbe, sau cel puţin fără să sufere modificări semnificative. Fixismul a căpătat importanţă în secolul al XVIII-lea, odată cu lucrările lui Carl Linnaeus (naturalist şi medic suedez, 1707-1778), care a conceput un sistem de clasificare a speciilor prin atribuirea fiecărui individ a unui nume latin, a unui gen şi a unei specii. Sistemul, care este utilizat şi astăzi, a fost considerat atunci ca fiind fix şi imuabil, reflectând diviziunea iniţială dorită de Creator.

UN CALCUL CRONOMETRAT

Data creării lumii (duminică 23 octombrie 4004 î.Hr.) a fost calculată în secolul al XVII-lea de arhiepiscopul irlandez James Ussher (1581-1656). El a stabilit cronologia acesteia pe baza Bibliei, care relatează întreaga linie masculină de la Adam, primul om, până la Solomon (rege al Israelului, 970-931 î.Hr.), luând în considerare vârsta menţionată a fiecărui descendent. Apoi a făcut legătura cu cronologia regilor lui Israel şi cu evenimente perfect databile care au avut loc în acea perioadă în alte civilizaţii, cum ar fi cea romană. Această numărătoare inversă a dus în cele din urmă la anul 4004 î.Hr. Luna şi anul au fost apoi determinate pe baza începutului anului evreiesc, care era 23 octombrie pentru acel an. Ziua de duminică a fost, de asemenea, aleasă în conformitate cu tradiţia evreiască. Conform Genezei, Dumnezeu a creat lumea în şase zile şi s-a odihnit în ziua a şaptea, care, pentru evrei, corespunde sâmbetei, Shabbat. Începutul creaţiei a fost, prin urmare, o duminică, prima zi a săptămânii evreieşti.

La începutul secolului al XIX-lea, naturalistul francez Georges Cuvier (1769-1832) a fost cel care a întruchipat curentul fixist. În mod paradoxal, el a fost unul dintre fondatorii ştiinţifici ai celor două discipine care au stat la baza teoriilor evoluţioniste câteva decenii mai târziu, şi anume paleontologia (studiul fiinţelor vii din fosile) şi anatomia comparată (studii de înrudire bazate pe anatomie). Cu toate acestea, în ciuda descoperirii a sute de fosile, Georges Cuvier s-a poziţionat ca un apărător al fixismului, considerând că speciile fosilizate nu aveau nicio legătură cu cele din vremea sa. El credea că unele dispăruseră, iar altele fuseseră create, în mod complet independent. Pentru a-şi susţine ipoteza, el a folosit o teorie care invoca marile cataclisme, cel mai recent fiind potopul depăşit de arca lui Noe.

Deși fixismul a dominat, o altă tendinţă ştiinţifică ce datează din Antichitate a devenit din ce în ce mai importantă în acea perioadă: transformismul. Spre deosebire de fixişti, transformiştii credeau că speciile s-au schimbat de-a lungul timpului ca răspuns la anumite circumstanţe. Reluat de marii naturalişti ai Iluminismului, cum ar fi Georges Louis Leclerc de Buffon (1707-1788), transformismul şi-a văzut cu adevărat creşterea influenţei odată cu Jean-Baptiste Lamarck (naturalist francez, 1744-1829). Pentru acesta din urmă, speciile suferă modificări într-o progresie constantă spre mai multă complexitate şi progres. El a elaborat chiar o lege – astăzi depăşită – privind moştenirea trăsăturilor, afirmând că transformarea unui organ se transmite din generaţie în generaţie, schimbând speciile. Cel mai cunoscut exemplu în sprijinul afirmaţiei sale a fost cel al girafei, forţată să se hrănească cu frunze de copac, care şi-a extins treptat gâtul. Transformarea a devenit apoi ereditară. Deşi genetica din secolul XX a demonstrat că transformările şi mutaţiile speciilor sunt mult mai complexe, Jean-Baptiste Lamarck rămâne totuşi un precursor al teoriei evoluţiei.

BIOGRAFII

CHARLES DARWIN

Naturalist și fondator al teoriei evoluției, Charles Darwin s-a născut la 12 februarie 1809 la Shrewsbury (Anglia), într-o familie bogată și educată. Într-adevăr, bunicii săi au fost medicul, botanistul, zoologul și poetul Erasmus Darwin (1731-1802) și renumitul olar Josiah Wedgwood (1730-1795), iar tatăl său, Robert Waring Darwin (1766-1848), a fost medic. În ciuda acestor cariere excelente în familie, Charles Darwin a fost foarte puțin interesat de școală, ceea ce s-a reflectat în notele sale. Cu toate acestea, a fost pasionat de natură și a început să colecteze plante și insecte încă de la o vârstă fragedă.

În 1825, când avea 16 ani, tatăl său a decis să-l trimită la Universitatea din Edinburgh pentru a învăța medicina. Dar aceste studii l-au plictisit și chiar dezgustat pe tânăr, care a părăsit-o doi ani mai târziu. Cu toate acestea, acolo a primit primele lecții de istorie naturală, care i-au confirmat pasiunea pentru botanică și zoologie. Întrucât tânărului Darwin părea să-i lipsească o adevărată vocație, tatăl său i-a sugerat să devină pastor, însă această poziție presupunea obținerea unei diplome. Charles Darwin a început trei ani de studii la Cambridge, fără prea mult entuziasm, dar cu posibilitatea de a urma cursuri de botanică. S-a împrietenit apoi cu profesorul John Henslow (botanist și geolog britanic, 1796-1861).

În 1831, a obținut în sfârșit diploma de licență în arte și, la sfatul profesorului său, a luat parte la scurt timp după aceea la o expediție cu Adam Sedgwick (1785-1873) în nordul Țării Galilor. Această experiență a desăvârșit formarea de naturalist a lui Charles Darwin, care, pe lângă botanică și zoologie, era acum familiarizat cu geologia.

La terminarea facultății, nu a vrut să devină pastor. În schimb, a visat la aventură și călătorii, la fel ca marii naturaliști ai vremii sale. Din nou, John Henslow l-a sfătuit pe tânăr și i-a sugerat să se alăture expediției HMS *Beagle ca* naturalist, mergând până la a trimite o scrisoare de recomandare căpitanului navei, Robert FitzRoy (1805-1865). Charles Darwin a fost în cele din urmă ales și s-a îmbarcat pe navă în decembrie 1831, după ce a reușit să obțină aprobarea tatălui său, care nu era de acord. Deși călătoria fusese planificată să dureze doi ani, a fost nevoie de cinci ani pentru ca *Beagle* să își îndeplinească misiunea. Această călătorie a fost decisivă pentru Darwin care, prin observarea, colectarea și analiza tuturor speciilor de plante, animale și minerale pe care le-a găsit, a început să formuleze teoria care avea să-l facă celebru mai târziu.

Întors în Anglia, și-a dat seama că devenise cunoscut în cercurile științifice. John Henslow avusese într-adevăr grijă să publice corespondența de călătorie a tânărului naturalist. Cu acest sprijin, Charles Darwin a văzut posibilitatea de a trăi din cercetările sale științifice și a abandonat definitiv cariera de cleric. În 1839, s-a căsătorit, a intrat în Societatea Regală și și-a publicat jurnalul de călătorie de pe *Beagle*, care includea o teorie despre formațiunile atolilor.

În 1858, un alt naturalist pe nume Alfred Russel Wallace i-a trimis lucrarea sa privind o teorie a evoluției care era similară cu a sa. Sub presiunea prietenilor săi, Darwin a decis în cele din urmă să îşi publice lucrarea pentru a-i lua fața lui Wallace. La 24 noiembrie 1859, a fost lansată în librării cartea *"Despre originea speciilor prin intermediul selecţiei naturale sau conservarea raselor favorizate în lupta pentru viaţă"*. Succesul a fost imediat.

În urma acestei publicaţii, întregul domeniu al biologiei a fost dat peste cap şi au avut loc dezbateri intense în cadrul comunităţii ştiinţifice. Cu toate acestea, Charles Darwin, ferindu-se de controverse, a continuat să se dedice cercetărilor sale, publicând numeroase alte scrieri şi rafinându-şi teoria. A murit la 19 aprilie 1882, în Down, Kent.

ALFRED RUSSEL WALLACE

Alfred Russel Wallace a fost un naturalist născut pe 8 ianuarie la Usk (Ţara Galilor). Fascinat de ştiinţele naturii, între 1848 şi 1852 a întreprins călătorii în America de Sud, unde, la fel ca alţi naturalişti, a colectat, observat şi explorat tot felul de specii. Apoi, în 1854, a plecat din nou în Arhipelagul Malay şi s-a stabilit în principal în Borneo.

În urma observaţiilor sale, la fel ca Charles Darwin, a ajuns curând la concluzia că speciile de animale şi plante sunt rezultatul unei evoluții îndelungate, a cărei forță motrice este selecția naturală. Dorind să-și confrunte ideile, i-a trimis lui Darwin, în 1858, lucrarea *On the Tendency of Varieties to Depart Indefinitely from Original Type* (*Despre tendința soiurilor de a se îndepărta la nesfârșit de tipul original*). Văzând cât de avansată era lucrarea lui Alfred Wallace, Darwin, împins de prietenii săi, a decis să își publice propria teorie cât mai curând posibil. Deși a recunoscut precedența operei lui Charles Darwin, Alfred Wallace a continuat să servească teoria evoluției pe tot parcursul vieții sale.

A murit la 7 noiembrie 1913 în Broadstone (Anglia).

TEORIA EVOLUȚIEI

O CĂLĂTORIE LA BORDUL NAVEI *BEAGLE*

Charles Darwin abia își terminase studiile când i s-a oferit ocazia de a participa la o expediție științifică a amiralității britanice pe nava *Beagle*. Comandată de căpitanul Robert FitzRoy, misiunea avea ca scop continuarea cartografierii Patagoniei și a Țării de Foc, începută în 1826, și apoi efectuarea de studii pe coastele Chile, Peru și a unor insule din Pacific.

S-a îmbarcat pe *Beagle* și a plecat miercuri, 27 decembrie 1831, pentru o perioadă de cinci ani. În vârstă de 22 de ani la momentul plecării, naturalistul a afirmat mai târziu că "călătoria pe Beagle [a fost] de departe cel mai important eveniment din viața [sa] și… a determinat [întreaga sa] carieră" (Darwin, 2002).

În ciuda răului de mare, tânărul naturalist s-a bucurat de misiunea sa pe *Beagle*. Comandantul i-a permis să efectueze excursii lungi la țărm, astfel încât să poată explora, colecta, studia și naturaliza toate speciile care îi erau disponibile. După mai multe escale și o lungă traversare a Atlanticului, nava a ajuns în Golful Rio la 4 aprilie 1832. Acolo, a fost planificată o escală de două luni, care i-a oferit lui Darwin libertatea totală de a se aventura în pădurea tropicală.

Fascinat de diversitatea incredibilă a naturii, tânărul a fost fascinat şi de haosul din pădure, unde viaţa stătea alături de moarte şi descompunere, precum şi de lupta acerbă dintre specii pentru a încerca să supravieţuiască. Această privelişte era nouă pentru el. Până atunci, toată lumea considera pădurea tropicală ca fiind o magnifică Grădină a Edenului, unde natura era bună, conform voinţei divine. Dar acolo, naturalistul a descoperit contrariul. Supravieţuirea guverna comportamentul indivizilor în acest mediu ostil. Darwin a început neobosit o cercetare generală a condiţiilor de viaţă ale speciilor şi a legăturilor dintre ele.

MOMENTUL INTEROGATORIULUI

Beagle şi-a reluat călătoria la 5 iulie şi a ajuns la Bahia Blanca (la sud de Buenos Aires) la 7 septembrie. În timpul unei excursii pe teren, Charles Darwin a descoperit oase fosilizate. Deşi văzuse deja unele, aceasta a fost prima ocazie pe care a avut-o de a le examina în locul lor natural de odihnă. A observat apoi că oasele erau poziţionate în diferite straturi geologice, demonstrând o tasare a solului. Cu toate acestea, atenţia sa a rămas concentrată asupra rămăşiţelor mamiferului uriaş, care, în mod surprinzător, prezentau asemănări cu alte specii care erau încă în viaţă, în timp ce preceptele lui Georges Cuvier afirmau contrariul. Acest mamifer, căruia i s-a dat numele de Megatherium, era de fapt un leneş uriaş care dispăruse de 11 000 de ani.

Această descoperire l-a fascinat pe Charles Darwin şi i-a alimentat gândurile. Exista oare o legătură între speciile dispărute și cele vii? Sunt speciile de astăzi rezultatul unei transformări a speciilor mai vechi? Pentru naturalist, era prea devreme pentru a răspunde la astfel de întrebări. Cu toate acestea, descoperirile și colecțiile sale din ce în ce mai numeroase, pe care le-a expediat în Anglia de îndată ce i s-a ivit ocazia, i-au schimbat toate concepțiile anterioare despre lume și natură.

În decembrie 1832, o nouă experiență a venit să bulverseze și mai mult ideile naturaliste. *Beagle* a ajuns în Țara de Foc și urma să debarce un misionar și trei fuegieni (locuitori ai Terrei de Foc). Aceștia fuseseră aduși în Anglia pentru a fi educați cu trei ani înainte. Scopul experimentului era de a-i aduce înapoi în tribul lor de origine pentru a civiliza restul populației. Deși această parte a misiunii s-a soldat cu un eșec total, ea a servit foarte mult reflecțiilor naturalistului. Charles Darwin, care a întâlnit pentru prima dată oameni "primitivi", a fost îngrozit. El a remarcat modul lor de viață elementar, comportamentul lor la limita sălbăticiei și lupta lor pentru a supraviețui într-un mediu precar. Cu toate acestea, trei dintre ei fuseseră educați, ceea ce dovedea că nu exista o superioritate intelectuală, așa cum mulți credeau la acea vreme, între "rasele" de oameni. Prin urmare, mediul era cel care influența condiția umană. Confruntat cu spectacolul populațiilor sălbatice din întreaga lume, Charles Darwin a observat că granița dintre om și animal era mai subțire decât voiau să creadă teologii. Dimpotrivă, Darwin nu vedea în om o creație divină plasată deasupra tuturor lucrurilor, ci un mamifer printre multe altele.

După mai multe călătorii și opriri în Patagonia, *Beagle* a trecut Strâmtoarea Magellan în iunie 1834. La 23 iulie, a ajuns la Valparaiso, Chile. Charles Darwin s-a îmbarcat într-o primă excursie în Anzi și, spre uimirea sa, a descoperit scoici fosilizate la 4 000 de metri altitudine. Această experiență tulburătoare l-a făcut să-și dea seama că solul fusese puternic înălțat de forțe necunoscute. Mai mult, un astfel de eveniment trebuie să se fi produs pe o perioadă lungă de timp, ceea ce a pus sub semnul întrebării ideile sale despre timpul geologic din Biblie. *Beagle* a coborât apoi pe coastă până la Valdivia (port din Chile), pe care a ajuns în februarie 1835, înainte de a se întoarce la Valparaiso în martie, unde naturalistul a explorat Anzii pentru a doua oară. În Valdivia, Charles Darwin s-a confruntat cu un cutremur violent, care l-a făcut să realizeze puterea incredibilă a naturii și, în special, instabilitatea unei lumi în continuă schimbare.

INSULELE GALAPAGOS ȘI CINTEZELE LOR

După ce a ajuns la Lima (Peru), expediția s-a îndreptat spre Insulele Galapagos, de care Charles Darwin era încântat. Această etapă a călătoriei a fost într-adevăr crucială pentru naturalist în dezvoltarea teoriei sale. *Beagle* a ajuns pe Insula Chatham la 17 septembrie 1835, iar Darwin și-a început imediat explorarea. Trecând de la o insulă la alta, a observat că în acest arhipelag existau specii care nu puteau fi găsite nicăieri altundeva. Printre cele mai faimoase se numără țestoasele gigantice, din a căror carne a avut ocazia să guste, și iguanele, pe care le-a aruncat în apă de mai multe ori pentru a le testa rezistența la apă. Charles Darwin a fost interesat și de păsările din insule, și anume de cintezele care, mulți ani mai târziu, aveau să devină cu adevărat celebre datorită lui.

Dintre cele 26 de specii de păsări terestre colectate, la prima vedere, cintezele păreau destul de obișnuite. Cu toate acestea, după ce le-a observat, Darwin a distins nu mai puțin de treisprezece feluri ale acestor păsări mici, care se diferențiau prin mărimea ciocului lor. Uneori erau foarte dezvoltate, ca un gros-pește, alteori mult mai subțiri, ca o ciută, iar între cele două extreme se afla o multitudine de mărimi. Charles Darwin și-a dat seama de importanța exemplului finicilor abia mult mai târziu, în timp ce își elabora teoria. Ei sunt într-adevăr o dovadă tangibilă a variațiilor speciilor.

Probabil că au descins dintr-un strămoș comun de pe continentul american, aceste păsări s-au schimbat de-a lungul timpului pentru a se adapta la duritatea mediului din Insulele Galapagos. Având în vedere că hrana este limitată, speciile au evoluat pentru a include trăsături specifice în funcție de hrana disponibilă pe fiecare insulă. Unele au devenit mâncătoare de semințe, în timp ce altele sunt insectivore. Dar chiar și în cadrul primei categorii, există individualități: într-adevăr, unii se hrănesc cu semințe mai tari, mai mari, pe care doar un cioc mai puternic le-ar putea despărți, în timp ce alții se hrănesc cu semințe mai mici, mai ușor de mâncat, oferind explicațiile necesare cu privire la numeroasele tipuri de cioc care pot fi găsite la această pasăre.

Chiar și astăzi, "cintezele lui Darwin" sunt studiate pentru a observa evoluția speciei. Astfel, în timpul perioadelor de secetă, când hrana este mai puțin abundentă, biologii observă un declin al populației de cinteze cu cioc mic, deoarece acestea nu sunt capabile să spargă semințele mai mari precum cintezele cu cioc mare, care se pot hrăni cu orice. Această descoperire arată astfel că speciile cele mai adaptate vor supraviețui în detrimentul celor mai puțin adaptate. Deși Darwin nu vorbea despre selecție naturală atunci când a descoperit cintezele, el era totuși convins de variația speciilor și de speciație (formularea de noi specii).

Odată cu încheierea misiunii lui *Beagle*, întoarcerea în Marea Britanie a putut începe în sfârșit. La 20 octombrie 1835, nava a părăsit Galapagos și a ajuns succesiv în Tahiti, Noua Zeelandă și Australia. În aprilie, a ajuns în Insulele Cocos (insulele din Oceanul Indian), unde Darwin și-a dezvoltat teoria privind formarea atolilor. De asemenea, a fost fascinat de corali, ale căror diverse ramuri i-au inspirat arborii evolutivi (în care speciile merg în mai multe direcții). În cele din urmă, după ce a călătorit prin Mauritius, Cape Town și insula Sfânta Elena, nava a ajuns în Marea Britanie la 2 octombrie 1836. În timpul călătoriei, Charles Darwin a scris 770 de pagini de notițe și a colectat 1 529 de specii conservate în alcool și 3 907 specii "uscate". Cu o bază atât de vastă de materiale, reflecția naturalistului asupra descoperirilor sale putea continua ani de zile.

SUPRAVIEȚUIREA CELUI MAI ADAPTAT

La întoarcere, Charles Darwin a observat că devenise celebru. Scrisorile sale către John Henslow fuseseră într-adevăr citite în cercurile științifice, făcându-l astfel un om de știință cunoscut. A început imediat să își catalogheze colecțiile și chiar le-a încredințat mai multor experți, pentru a obține cât mai multe informații. În februarie 1837, primele rezultate au căzut, în special în ceea ce privește pintenii din Galapagos: existau 13 tipuri diferite de pinteni, dar toate erau foarte apropiate între ele. Între timp, Charles Darwin a lucrat la notițele sale, pe care le-a publicat în cele din urmă în 1839. În cele din urmă, din iulie 1837 până în iulie 1839, a scris primele sale cărți despre teoria sa privind originea speciilor.

Cu toate acestea, Darwin a rămas precaut, conștient că ideile sale erau periculoase pentru acea vreme. Prin urmare, rămânând discret, s-a înconjurat de oameni de știință, precum și de crescători de animale, grădinari și pepinieri pentru a colecta noi dovezi. Teoria sa se deosebea acum în mod clar de creaționism, dar și de transformismul lui Lamarck. Astfel, el a emis ipoteza că transformarea speciei nu este controlată ca urmare a dorinței de perfecționare a unui animal, ci mai degrabă ca urmare a unei adaptări la mediul său. Prin urmare, nu girafele care își întindeau gâtul de la mâncatul frunzelor aflate în copaci, ci girafele cu gâtul mai lung erau cele care puteau avea mai multă hrană și astfel supraviețuiau. Prin observare și reflecție, Charles Darwin a înțeles că această selecție a fost piatra de temelie a transformării speciilor.

Astfel, el a observat că crescătorii de animale de companie ar putea identifica diferențe minime între anumite animale și le-ar putea selecta în mod artificial pe cele mai potrivite sau pe cele mai puternice pentru a se reproduce, modificând astfel treptat specia. În natură are loc și această selecție, dar este vorba de selecția naturală. Cu toate acestea, Darwin nu înțelegea încă modul în care această selecție avea loc în mod natural. Care a fost cauza? Continuându-și analiza și, mai ales, lecturile, a găsit în cele din urmă răspunsul în lucrarea *An Essay on the Principle of Population* (*Eseu despre principiul populației*) de Thomas Malthus (economist britanic, 1766-1834), în care este prezentată lupta omului pentru supraviețuire. Amintindu-și de lupta acerbă pe care o duceau speciile din pădurea tropicală, Charles Darwin și-a dat seama că a găsit motivul selecției naturale: lupta pentru supraviețuire. Într-un mediu ostil, atunci când condițiile de viață ale mediului se schimbă, doar cei mai adaptați vor supraviețui și se vor reproduce, transformând treptat specia. Naturalistul avea acum baza teoriei sale, dar îngrijorarea sa cu privire la revoluția pe care ar fi provocat-o a împiedicat în mod constant scrierea și publicarea cărții sale.

ORIGINEA SPECIILOR PRIN INTERMEDIUL SELECȚIEI NATURALE

Charles Darwin a scris în mod constant în următorii douăzeci de ani (1839-1859). A scris lucrări despre atoli, insule vulcanice și zoologie din călătoria sa pe *Beagle*. În 1842 și 1844, a scris, de asemenea, două schițe ale teoriei sale despre evoluție, dar a continuat să strângă neobosit dovezi înainte de a se gândi să o publice. Între timp, din 1846 până în 1852, Darwin s-a dedicat studierii crapelor (crustacee) pentru a-și construi în continuare reputația, continuându-și în același timp activitatea principală.

Din 1856, Darwin a început să-și scrie cartea, iar în martie 1858, zece capitole erau finalizate, inclusiv cel dedicat selecției naturale. Publicarea sa efectivă a fost totuși grăbită de un element extern. Un alt naturalist, Alfred Wallace, i-a trimis lui Darwin propriile lucrări, care s-au dovedit a fi foarte asemănătoare cu ale sale. Încurajat de prietenii săi, Darwin a prezentat o mostră din lucrarea sa la 1 iulie 1858, împreună cu eseul lui Alfred Wallace, dar a declarat că lucra la această teorie încă din 1839. Deși eseul a fost primit cu cea mai mare indiferență, naturalistul a continuat să-și scrie cartea. În cele din urmă, la 24 noiembrie 1859, a publicat opera vieții sale: *Despre originea speciilor prin intermediul selecției naturale sau conservarea raselor favorizate în lupta pentru viață.*

A ieșit la iveală o teorie complet nouă a evoluției. Potrivit lui Charles Darwin, speciile nu erau imuabile, așa cum sugera creaționismul, ci erau rezultatul unui proces lent de evoluție de la un strămoș comun. El a afirmat că această schimbare era guvernată de selecția naturală. Pentru fiecare specie, schimbările pot apărea din întâmplare. Acestea pot fi pozitive sau negative, în funcție de circumstanțe (mediu, climă, hrană, camuflaj etc.). Selecția naturală poate apoi să acționeze. Dacă evoluția este mai adaptată la circumstanțele actuale, acești indivizi vor avea atunci mai multe șanse de supraviețuire și de reproducere, transmițând astfel trăsăturile lor specifice urmașilor lor. Cei mai puțin potriviți sunt condamnați să dispară. Această schimbare este, prin urmare, constantă. Ea nu are nici o direcție, nici un scop, nici un scop specific care să tindă spre mai mult progres, ci este pur și simplu rezultatul unei mai bune adaptări.

IMPACT

OPOZIȚIA RELIGIOASĂ ȘI ȘTIINȚIFICĂ

Publicarea cărții *Originea speciilor s-a bucurat de un* succes imediat, astfel încât primul tiraj de 1 250 de exemplare a fost epuizat în scurt timp. Au existat șase ediții ale cărții până în 1872, cu informații suplimentare de revizuiri. În ciuda acestui succes, lucrarea a stârnit numeroase controverse. Făcută publică de ziar, în Marea Britanie a început o adevărată dezbatere publică asupra cărții naturaliste între evoluționiști și Biserica Anglicană, aceștia din urmă fiind susținuți în lumea științifică de către fixiști.

Lucrarea lui Charles Darwin a stârnit într-adevăr mânia Bisericii, deoarece omitea sau nega complet existența lui Dumnezeu. Conform concepțiilor vremii, toată creația era actul voinței divine, așa cum ne învață Biblia. În mod similar, imaginea unei naturi generoase a fost complet subminată de Charles Darwin. În schimb, el a prezentat-o ca fiind feroce, deoarece este locul în care selecția naturală îi favorizează fără milă pe cei mai apți. Dovedind științific că nicio intervenție divină nu a stat la baza originii speciilor și a evoluției lor, Charles Darwin a invalidat noțiunea de Dumnezeu și, prin urmare, credința însăși. Cu toate acestea, la acea vreme, Biserica se vedea pe sine ca garant al ordinii sociale. Principiul evoluției era chiar ostil fixiștilor care tocmai finalizaseră clasificarea imuabilă a speciilor conform sistemului Linnaean.

În cele din urmă, lucrările lui Charles Darwin au evitat în mod deliberat problema omului și a originilor sale. Autorul a sperat să evite problemele, dar tăcerea sa a fost interpretată rapid, și probabil pe bună dreptate, ca o dorință de a nu face nicio distincție între om și alte specii. Omul nu este mai presus de luptă, ci este în schimb supus, ca și celelalte specii, legilor evoluției. Acest punct de vedere a fost curând redus la ideea că omul a evoluat din maimuțe – lucru pe care Charles Darwin nu l-a susținut niciodată în cartea sa.

Atacurile fiecărei părți au dus în cele din urmă la o amplă dezbatere care a avut loc la Oxford la 30 iunie 1860. Darwin, pe atunci suferind, nu a participat, dar a fost reprezentat de prietenul său, Thomas Huxley (fiziolog britanic, 1825-1895), în timp ce episcopul de Oxford, Samuel Wilberforce (1805-1873) a vorbit în numele părții religioase. Dezbaterea dintre cei doi bărbați a fost brutală. Episcopul nu a ezitat să își întrebe adversarul dacă descindea din maimuțe prin bunicul său. Thomas Huxley a răspuns: "Dacă atunci, am spus eu, mi se pune întrebarea dacă prefer să am drept bunic o maimuță mizerabilă sau un om foarte bine dotat de natură și posesor al unor mari mijloace de influență și care, totuși, își folosește aceste facultăți și această influență cu simplul scop de a introduce ridicolul într-o discuție științifică gravă, afirm fără ezitare că prefer maimuța" (Continenza, 2004: 136). La finalul dezbaterii, fiecare parte credea că a obținut avantajul și astfel controversele au continuat timp de mulți ani. Cu toate acestea, ideile lui Charles Darwin s-au răspândit în întreaga lume, iar progresul științific i-a dat în cele din urmă dreptate.

În mod similar, Biserica a ajuns să respingă orice contradicție între teoria evoluției și credință, considerând acum că intervenția lui Dumnezeu s-a făcut la nașterea universului, căruia i-a dat legile sale. Cu toate acestea, alte grupuri religioase mai fanatice continuă și astăzi să nege teoria lui Charles Darwin, preferând o lectură literală a Bibliei. Aceste grupuri numite creaționiști se regăsesc mai ales în Statele Unite și în Australia.

DARWINISMUL ȘI NEO-DARWINISMUL

Deși s-a ținut departe de dezbateri, Charles Darwin și-a continuat totuși activitatea și a adus argumente în sprijinul teoriei sale cât de bine a putut. Astfel, a realizat multe alte publicații care îi susțineau afirmațiile sau tratau subiecte diferite. Conștient că nu putea evita la nesfârșit subiectul, naturalistul a abordat și problema omului în lucrarea The Descent of Man, and Selection in Relation to Sex, publicată în 1871, urmată de The Expression of the Emotions in Man and Animals (Expresia emoțiilor la om și la animale) în anul următor. În aceste două cărți, Charles Darwin a plasat omul printre mamiferele care, la fel ca și alte specii, descindeau dintr-un strămoș comun. Omul este, de asemenea, supus evoluției. Cu toate acestea, naturalistul nu vedea omul ca fiind produsul selecției naturale, ci al unui alt factor, și anume selecția sexuală care, deși mai puțin riguroasă, apărea și la alte specii. Cei mai frumoși și mai puternici masculi aveau mai multe șanse să se reproducă și să aibă urmași.

Deși a fost aspru criticat, Charles Darwin a avut și apărători, mai ales în rândul tinerei generații de naturaliști, care au considerat că opera sa este revoluționară în domeniul științei. S-a născut darwinismul, care apără teoria evoluției. În ultimii ani de viață ai lui Darwin și mult după aceea, mulți cercetători i-au continuat munca. Problema omului era încă o dezbatere, ceea ce i-a determinat pe mulți oameni de știință să caute veriga lipsă, făcând ipotetic legătura între maimuță și om. În 1856, în Germania au fost descoperite rămășițe fosile de neanderthalieni. Susținătorii teoriei lui Darwin s-au grăbit să vadă în acestea un stadiu anterior al evoluției umane. Mai târziu, în secolul al XX-lea, și alte fosile aveau să arate evoluția omului, de la *Homo erectus* la *Homo habilis*.

Între timp, în 1865, precursorul geneticii, Gregor Mendel (1822-1884), a descoperit legile eredității și ale genelor, ceea ce a întărit teoria evoluției, deși Darwin nu era la curent cu aceste teorii. La începutul secolului al XX-lea, lucrările lui Mendel au fost puse în paralel cu teoria evoluției, dând naștere neo-darwinismului sau "sinteza evoluționistă modernă". Completată de genetică, teoria lui Darwin a devenit inevitabilă și a explicat perfect transmiterea variațiilor de la un individ la urmașii săi. Genetica și descoperirea cercetărilor ADN au perturbat, de asemenea, cercetările privind evoluția umană. Oamenii de știință au descoperit că omul era văr cu maimuța, nu descendent direct. Căutarea verigii lipsă s-a oprit în favoarea celui mai vechi strămoș comun oamenilor și maimuțelor.

Deși Charles Darwin a murit la 19 aprilie 1872, cartea sa revoluționară rămâne una dintre cele mai importante opere ale istoriei, marcând profund științele și concepțiile filosofice despre natură și specii, inclusiv despre oameni. "În timp ce această planetă s-a învârtit în cerc după legea fixă a gravitației, de la un început atât de simplu au evoluat și evoluează forme nesfârșite, cele mai frumoase și mai minunate." (Darwin 2008).

REZUMAT

- Charles Darwin s-a născut la 12 februarie 1809 în Anglia. Elev slab, a început să studieze pentru a deveni medic și pastor, dar fără un interes real în acest sens. Cu toate acestea, a fost pasionat de științele naturale și a întreprins o colecție de plante și insecte.

- La finalul studiilor, tânărul a avut ocazia să participe la expediția *Beagle* în jurul lumii în calitate de naturalist. Acceptând oferta, el și-a început călătoria la 27 decembrie 1831. Această călătorie l-a făcut pe Charles Darwin să devină un naturalist renumit.

- În aprilie 1832, a descoperit pădurea tropicală și a fost șocat de ferocitatea naturii și de lupta dintre diferitele specii pentru supraviețuire. Această viziune era foarte departe de ideea unei naturi generoase, conform voinței divine. Această experiență i-a schimbat pentru totdeauna gândirea lui Darwin.

- *Beagle* a ajuns în Tierra del Fuego în decembrie 1832. Studiind triburile din Tierra del Fuego, Darwin și-a văzut complet bulversate ideile sale despre originea omului. El nu vedea omul ca fiind separat și deasupra celorlalte animale, ci ca pe un mamifer ca oricare altul.

- Expediția a ajuns apoi în Insulele Galapagos în septembrie 1835. În acest arhipelag, tânărul naturalist a avut ocazia să admire dovezi de speciație și de variație a speciilor prin intermediul cintezelor, dintre care a descoperit nu mai puțin de 13 tipuri diferite, diferențiate prin mărimea ciocului lor.

- Întors în Anglia în 1836, Charles Darwin a început imediat să își analizeze notițele și să își catalogheze colecția, încredințând chiar unele dintre colecții mai multor specialiști pentru a aduna cât mai multe informații. Până în 1839, a scris cărți despre teoria sa despre evoluție.

- Adunând cât mai multe dovezi, Darwin s-a înconjurat de mulți specialiști și și-a continuat cercetările. În cele din urmă, a pus bazele teoriei sale, definind selecția naturală ca fiind declanșatorul evoluției și lupta pentru supraviețuire ca forță motrice. Cu toate acestea, preocupat de impactul pe care l-ar putea avea o astfel de perturbare, Charles Darwin a avut nevoie de douăzeci de ani pentru a-și scrie cartea.

- După ce a scris mai multe ciorne în 1842 și 1844 și, în cele din urmă, a început să o scrie efectiv în 1856, Charles Darwin a fost împins în grabă să finalizeze publicarea operei sale. Un alt naturalist, Alfred Wallace, ajunsese la același rezultat ca și el și exista riscul ca acesta să își publice teoria primul.

- La 24 noiembrie 1859, noua teorie a evoluției a fost publicată sub numele de *"Despre originea speciilor prin selecție naturală"*. Cartea a avut un succes atât de mare încât a fost retipărită de șase ori până în 1866.

- Cartea lui Charles Darwin a provocat imediat controverse, în special în rândul reprezentanților Bisericii.

Cu toate acestea, naturalistul și-a continuat munca și a abordat problema originii omului și a evoluției sale, spulberând pentru totdeauna ideile filosofice ale timpului său.

- Charles Darwin a murit la 19 aprilie 1872.

AFLAȚI MAI MULTE

BIBLIOGRAFIE

Bowlby, J. (1992) *Charles Darwin: O nouă viață*. New York: W.W. Norton & Company.

Brosse, J. (1999) *Les tours du monde des explorateurs. Les grands voyages maritimes, 17641843*. Paris: Bordas.

Continenza, B. (2004) *Darwin, l'arbre de vie*. Paris: Pour la Science.

Darwin, C. (2002) *Autobiografii*. Londra: Penguin.

Darwin, C. (2008) *On the Origin of Species (Despre originea speciilor)*. Oxford : Oxford World's Classics.

Histoire universelle : le XIXe siècle en Europe et en Amérique du Nord (2007) *Création de l'Empire britannique*. Paris: Hachette.

Histoire universelle : le XIXe siècle en Europe et en Amérique du Nord (2007) *La science roantique*. Paris: Hachette.

Histoire universelle : le XIXe siècle en Europe et en Amérique du Nord (2007) *Positivisme et science expérimentale*. Paris: Hachette.

Rice, T. (1999) *Voyages : trois siècles d'explorations naturalistes*. Neuchâtel: Delachaux și Niestlé.

Tort, P. (1997) *Darwin et le darwinisme*. Paris: Presses Universitaires de France.

SURSE SUPLIMENTARE

Desmond, A. Moore, J.A. (1992) *Darwin*. New York: W.W. Norton & Company.

Ruse, M. (2008) *Charles Darwin*. Oxford: Blackwell.

Ruse, M. (eds.) (2013) *The Cambridge Encyclopedia of Darwin and Evolutionary Thought*. Cambridge: Cambridge University Press.

Ruse, M. și Richards, R.J. (2016) *Debating Darwin*. Chicago: University of Chicago Press.

Strager, H. (2016) *A Modest Genius: The Story of Darwin's Life and How His Ideas Changed Everything* (*Un geniu modest: Povestea vieții lui Darwin și a modului în care ideile sale au schimbat totul*). CreateSpace Independent Publishing Platform.

SURSE ICONOGRAFICE

Pila voltaică, imagine din cartea *Leçons de Physique* de Louise Margat-L'Huillier. Paris: Vuibert et Nony, 1904. Imagine de reproducere liberă de drepturi de autor.

Carl Linnaeus, gravură din cartea *Famous Men of Science* de Sarah K. Bolton. New York: T. Y. Crowell & Co., 1889. Imagine de reproducere liberă de drepturi de autor.

Charles Darwin la vârsta de 7 ani, de Ellen Sharples, 1816. Imagine reprodusă fără drepturi de autor.

Alfred Russel Wallace, 1908. Imagine de reproducere liberă de drepturi de autor.

Le HMS Beagle în Ţara de Foc de Conrad Martens. Această pictură a fost realizată în timpul călătoriei lui *Beagle* (1831-1836). Imagine de reproducere liberă de drepturi de autor.

Pintenii lui Darwin, 1845. © John Gould.

FILME ȘI DOCUMENTARE

Darwin et la Science de l'évolution. (2003) [Documentar]. Valérie Winckler. Dir. Franța: Arte France, Trans Europe Film, CNRS Images.

Charles Darwin și arborele vieții. (2009) [Documentar]. David Attenborough. Scris. MAREA BRITANIE: British Broadcasting Corporation, The Open University.

Creație. (2009) [Film]. Jon Amiel. Regia: Marea Britanie: Recorded Picture Company.

Le Grand Voyage de Charles Darwin. (2009) [Documentar]. Hannes Schuler și Katharina von Flotow. Dir. Franța: Les Films du Paradoxe.

MUZEE ȘI MONUMENTE COMEMORATIVE

Down House, casa lui Charles Darwin, Down, Kent (Regatul Unit).

Monumentul lui Charles Darwin, Shrewsbury (Regatul Unit).

Muzeul de Istorie Naturală, Londra (Regatul Unit).

Statuia lui Charles Darwin la Muzeul de Istorie Naturală din Londra (Regatul Unit).

Vrem să auzim de la tine!
Lasă un comentariu despre biblioteca ta online
şi împărtăşeşte cărţile tale preferate pe reţelele de socializare!

Master ISBN: 9782808600972
Hârtie ISBN: 9782808602426
Depozit legal: D/2022/12603/243

Design digital: Primento,
partenerul digital al editurilor.